Secrets de Forgeron

De l'apprentissage à la maîtrise

©Moïse De Saint-Pierre, 2023
Tous droits réservés. Aucune partie de ce livre ne peut être reproduite ou transmise sous quelque forme que ce soit, électronique ou mécanique, y compris l a photocopie, l'enregistrement ou tout stockage dans un système d'information, sans l'autorisation écrite de l'auteur, sauf pour une brève citation dans une critique ou un article de presse.

Sommaire

Introduction 4

Histoire de la forge 4
La forge à travers les cultures et les époques 5
Les grands maîtres forgerons 7

Les outils et équipements essentiels 9

L'enclume 9
Le marteau 10
Les tenailles 11
Les soufflets 12

Les types de forges 14

La forge à charbon 14
La forge à gaz 15
La forge électrique 16

Les matériaux 18

Le fer 18
L'acier 19
Le cuivre 21
Le laiton 23
Le bronze 24
Le choix des matériaux en fonction des projets 25

Les techniques de forge 28

Le chauffage du métal 28
Le martelage et la mise en forme 29
Le pliage et le roulage 30
Les techniques de soudure 31
Les finitions et traitements thermiques 33

La forge artistique et décorative 35

Techniques décoratives : La gravure 35
Techniques décoratives : Le ciselage 36
Techniques décoratives : La damasquinure 37

Les éléments décoratifs en fer forgé 39

Les grilles et portails 39
Les rampes et balustrades 40
Les objets d'art et sculptures 42

La forge appliquée à la coutellerie et aux armes blanches 44

Les types de lames 44
La forge de lames damassées 45
La trempe et la revenure 47
Les manches et les montages 49
Les finitions et affûtage 50

La forge et les métiers connexes 52

La maréchalerie 52
La ferronnerie d'art 53
La joaillerie et la bijouterie 55

Les ressources pour apprendre et se perfectionner 57

Les écoles et formations professionnelles 57
Les ateliers et stages 59
Les livres, vidéos et supports en ligne 60
Les associations et clubs de forgerons 62

L'avenir de la forge et les innovations technologiques 64

La forge assistée par ordinateur 64
La forge à induction 65
Les matériaux innovants : aciers inoxydables 66
Les matériaux innovants : métaux à mémoire de forme 68
Les enjeux environnementaux et la forge durable 69

Introduction

Histoire de la forge

La forge est une pratique ancestrale qui remonte à l'Antiquité. Les premières traces d'objets forgés remontent à l'âge du Bronze, et depuis lors, la forge a connu de nombreuses évolutions à travers les cultures et les époques.

En Europe, la forge est apparue dès le Moyen Âge, et s'est développée avec l'essor des métiers de la métallurgie. Les forges étaient souvent situées à proximité des mines de fer pour faciliter l'approvisionnement en matières premières.

Au fil du temps, la forge a connu de nombreuses avancées technologiques qui ont permis de développer de nouveaux outils et équipements. Les soufflets, par exemple, ont permis d'augmenter la température de la forge et d'accélérer le processus de chauffe du métal. L'invention de la machine à vapeur a également révolutionné la forge en permettant de produire de plus grandes quantités de métal.

La forge a également joué un rôle important dans l'histoire des armes. Au Moyen Âge, les armes étaient forgées à la main par des maîtres forgerons, et la qualité de la lame était essentielle pour la réussite d'un combat. Les forges ont également été utilisées pour la production de canons et d'autres armes de guerre.

Au cours des siècles, la forge est devenue un art à part entière. Les forgerons ont commencé à travailler des matériaux plus précieux, tels que l'argent et l'or, pour créer des objets d'art et des bijoux. Les techniques décoratives, telles que la gravure et le ciselage, ont été développées pour embellir les créations des forgerons.

De nos jours, la forge est toujours pratiquée, bien que souvent de manière industrielle. Les avancées technologiques ont permis de développer de nouveaux procédés de fabrication, tels que la forge assistée par ordinateur et la forge à induction. La forge durable est également devenue une préoccupation importante, avec l'utilisation de matériaux plus respectueux de l'environnement et des processus de production plus économes en énergie.

La forge à travers les cultures et les époques

La forge est un art millénaire qui a traversé les cultures et les époques, chaque région et chaque période ayant développé ses propres techniques et styles. De l'Antiquité à nos jours, la forge a été utilisée pour fabriquer des armes, des outils, des bijoux et des objets d'art.

En Égypte ancienne, les forgerons ont créé des bijoux en or et en cuivre, tandis qu'en Chine, les techniques de forge ont été développées pour la fabrication d'armes comme les épées. Les Celtes ont créé des objets décoratifs en fer forgé, tandis que les Vikings ont utilisé la forge pour forger des armes et des outils.

Au Moyen Âge en Europe, les forgerons ont créé des armures,

des épées et des lances pour les chevaliers, ainsi que des outils agricoles pour les paysans. Les styles de forge se sont également développés dans des régions spécifiques, comme la forge italienne avec ses motifs en volutes et en arabesques, et la forge française avec ses motifs floraux et géométriques.

La Renaissance a vu l'émergence d'un nouveau style de forge avec des éléments décoratifs plus élaborés. Les forgerons ont créé des objets tels que des chandeliers, des grilles et des portes d'entrée ornées de motifs complexes.

Au fil des siècles, la forge est restée une compétence précieuse, utilisée pour produire des objets de valeur et de fonction. Les techniques de forge ont continué à se développer avec l'ajout de nouveaux matériaux tels que l'acier, le laiton et le bronze.

Aujourd'hui, la forge est toujours un métier important, bien qu'il soit devenu plus rare. Les artisans forgerons continuent de créer des pièces uniques et de haute qualité, tandis que les industries modernes utilisent des techniques de forge automatisées pour produire des pièces en masse.

Dans l'ensemble, la forge a une riche histoire et a été utilisée pour créer une grande variété d'objets pratiques et décoratifs à travers les cultures et les époques. Les techniques et les styles ont évolué au fil du temps, mais la passion pour la forge et l'artisanat continue de se transmettre de génération en génération.

Les grands maîtres forgerons

Dans le monde de la forge, il existe des grands maîtres forgerons qui ont laissé leur empreinte dans l'histoire de cet art. Ces artisans ont consacré leur vie à la forge et ont développé des techniques, des outils et des équipements qui ont permis d'améliorer la qualité et l'efficacité du travail de forge.

L'un des plus grands maîtres forgerons de l'histoire est sans doute Masamune, un forgeron japonais qui a vécu au XIIIe siècle. Masamune est célèbre pour la qualité exceptionnelle de ses lames de katana, qui étaient considérées comme les meilleures du Japon. Son savoir-faire était si impressionnant que ses lames étaient considérées comme des trésors nationaux et étaient souvent offertes en cadeau aux shoguns et aux empereurs.

Un autre grand maître forgeron était Hattori Hanzo, un forgeron japonais qui a vécu au XVIe siècle. Hattori Hanzo était également spécialisé dans la fabrication de lames de katana, mais il était connu pour son expertise dans la conception de lames droites, qui étaient utilisées pour les épées de samouraï. Il est célèbre pour avoir fabriqué la lame de la mariée dans le film Kill Bill de Quentin Tarantino.

En Europe, le grand maître forgeron le plus célèbre est probablement Godefroy de Bouillon, un chevalier français qui a participé à la première croisade au XIe siècle. Godefroy de Bouillon était connu pour sa maîtrise de la forge et pour la qualité exceptionnelle de ses armes. Il est notamment célèbre pour avoir conçu une épée qui était si tranchante qu'elle pouvait couper un homme en deux d'un seul coup.

Un autre grand maître forgeron européen était Bertrand du Guesclin, un chevalier français qui a vécu au XIVe siècle. Bertrand du Guesclin était un expert dans la fabrication d'armures et de lances, qui étaient les armes principales des chevaliers à l'époque. Il était connu pour son ingéniosité et sa capacité à concevoir des armes qui étaient à la fois solides et légères.

Enfin, il convient de mentionner Alex Bealer, un maître forgeron américain qui a vécu au XXe siècle. Bealer était un pionnier de la forge aux États-Unis et a contribué à faire connaître cet art auprès du grand public. Il a écrit plusieurs livres sur la forge et a organisé des ateliers et des conférences pour partager son savoir-faire avec d'autres passionnés.

Ces grands maîtres forgerons ont tous marqué l'histoire de la forge à leur manière, en développant des techniques, des outils et des équipements qui ont permis d'améliorer la qualité et l'efficacité du travail de forge. Leurs contributions ont inspiré de nombreux autres artisans et ont contribué à faire de la forge un art à part entière.

Les outils et équipements essentiels

L'enclume

L'enclume est l'un des outils les plus emblématiques de la forge, et ce depuis des siècles. Elle est utilisée pour forger et façonner le métal en le frappant avec un marteau. L'enclume est une pièce massive et solide, généralement en acier, qui offre une surface plane et dure pour travailler le métal. Elle est souvent équipée d'une corne, qui permet de former des courbes et des angles, ainsi que d'une encoche pour façonner des matériaux plus fins.

La forme de l'enclume a évolué au fil du temps en fonction des besoins des forgerons. Les premières enclumes étaient simplement des blocs de pierre sur lesquels le métal était martelé. Au fil des siècles, les forgerons ont commencé à utiliser des enclumes en fer et en acier, qui offraient une surface plus résistante aux coups de marteau. Les enclumes modernes ont une forme plus sophistiquée, avec des bords arrondis pour éviter d'abîmer le métal et des pieds pour la maintenir en place.

L'enclume est un outil essentiel pour tout forgeron, qu'il soit débutant ou expérimenté. En plus de sa fonction principale, elle peut également servir de support pour d'autres outils tels que les tenailles, les marteaux et les ciseaux. Il existe une grande variété d'enclumes disponibles sur le marché, chacune offrant des caractéristiques spécifiques en fonction des besoins du forgeron. Les enclumes portatives, par exemple, sont légères et faciles à transporter, tandis que les grandes enclumes de forge sont plus solides et peuvent supporter des coups de marteau plus puissants.

Il est important pour un forgeron de choisir l'enclume qui convient le mieux à son travail. La taille et la forme de l'enclume doivent être adaptées aux projets que le forgeron envisage de réaliser. De plus, il est essentiel que l'enclume soit en bon état, sans fissures ou déformations, pour éviter d'endommager le métal pendant le processus de forge. Les forgerons expérimentés peuvent même fabriquer leur propre enclume, adaptée à leurs besoins spécifiques.

Le marteau

Le marteau est l'un des outils les plus importants de la forge, utilisé pour donner forme au métal chauffé et le travailler selon les désirs du forgeron. Il existe une grande variété de types de marteaux utilisés dans la forge, chacun ayant ses propres caractéristiques et utilisations spécifiques.

Le marteau de forge standard est un outil lourd et massif, conçu pour fournir un maximum de force et d'impact lorsqu'il est utilisé pour frapper le métal. Il est généralement équipé d'un manche en bois ou en métal, et la tête peut être plate, arrondie, pointue ou à pans coupés, selon le travail que le forgeron doit effectuer.

Outre le marteau de forge standard, il existe également des marteaux plus spécialisés, tels que les marteaux à texture, les marteaux à plier, les marteaux à lisser et les marteaux à rainurer. Chacun de ces types de marteaux a des caractéristiques spécifiques qui le rendent plus approprié pour des tâches particulières de la forge.

Lorsque le forgeron utilise un marteau, il doit être conscient de la position de son corps et de la manière dont il utilise son poids pour maximiser l'effet de chaque coup. Le positionnement du corps est particulièrement important lorsqu'il utilise un marteau à deux mains ou travaille sur des projets plus grands et plus lourds.

Les marteaux sont également utilisés pour créer des textures et des motifs sur le métal, en frappant celui-ci à des angles différents et en utilisant des marteaux à texture spécifiques pour ajouter des détails.

Les tenailles

Les tenailles sont un outil indispensable dans l'arsenal du forgeron. Elles sont utilisées pour tenir, plier et manipuler les métaux chauds. Les tenailles ont été utilisées depuis l'Antiquité et sont devenues un outil de base dans la forge moderne. Elles sont fabriquées en acier trempé et ont des poignées isolées pour protéger les mains du forgeron contre la chaleur.

Il existe plusieurs types de tenailles, chacune ayant une fonction spécifique. Les tenailles de forge sont les plus courantes et sont utilisées pour tenir des morceaux de métal chauds lorsqu'ils sont frappés avec un marteau. Les tenailles à pointes sont utilisées pour saisir des objets plus petits, tandis que les tenailles à ressort sont utilisées pour saisir des objets plus gros.

Il est important de choisir les bonnes tenailles pour chaque travail afin d'obtenir les meilleurs résultats. Les tenailles doivent être parfaitement adaptées à la taille et à la forme de l'objet à manipuler. Si les tenailles sont trop grandes ou trop petites, elles risquent de ne pas tenir correctement l'objet, ce qui peut rendre le travail plus difficile ou même dangereux.

Les tenailles doivent être maintenues propres et en bon état de fonctionnement pour garantir leur efficacité et leur longévité. Il est recommandé de nettoyer les tenailles après chaque utilisation pour enlever la suie et les résidus de métal. Les tenailles doivent également être huilées régulièrement pour éviter la rouille et maintenir leur souplesse.

Les soufflets

Les soufflets sont un élément clé dans l'art de la forge, car ils fournissent l'air nécessaire pour chauffer le métal et le rendre malléable. Les soufflets ont évolué au fil des siècles, passant de simples sacs en peau d'animaux à des machines sophistiquées.

Les soufflets traditionnels sont généralement fabriqués à partir d'une grande peau d'animal telle que celle d'un bovin, d'un cheval ou d'un mouton. La peau est préparée et coupée pour former une poche, puis montée sur un cadre en bois. Un tuyau est fixé à la poche, qui est ensuite remplie d'air à l'aide d'un piston. En comprimant et relâchant la poche, l'air est expulsé dans la forge, fournissant un flux d'air constant pour alimenter le feu.

De nos jours, les soufflets mécaniques sont plus couramment utilisés. Ces machines ont une pompe à piston qui comprime l'air, fournissant un débit constant à la forge. Les soufflets électriques, quant à eux, utilisent un moteur électrique pour alimenter une pompe qui comprime l'air.

Lorsque l'on travaille avec des soufflets, il est important de réguler le flux d'air pour éviter que le feu ne s'éteigne ou ne devienne trop intense. Les soufflets traditionnels peuvent être difficiles à régler, car le débit d'air est directement lié à la force physique de l'utilisateur. Les soufflets mécaniques et électriques sont plus faciles à contrôler, car le débit d'air peut être réglé en fonction des besoins.

Les soufflets sont un élément clé de l'art de la forge, et leur utilisation peut avoir un impact significatif sur le processus de forgeage. Bien que les soufflets traditionnels puissent sembler rudimentaires, ils sont toujours utilisés par de nombreux forgerons à travers le monde. Cependant, les soufflets mécaniques et électriques sont de plus en plus courants, car ils sont plus faciles à utiliser et à réguler. Quel que soit le type de soufflet utilisé, il est important de réguler le débit d'air pour obtenir les meilleurs résultats.

Les types de forges

La forge à charbon

La forge à charbon est une technique de forge traditionnelle qui a été utilisée pendant des siècles et qui est toujours pratiquée aujourd'hui. Elle implique l'utilisation d'un fourneau alimenté par du charbon de bois pour chauffer le métal à forger. Cette méthode est appréciée pour sa capacité à produire des températures élevées et constantes, ce qui est essentiel pour le travail des métaux.

Le charbon de bois est utilisé car il produit une flamme plus chaude que le bois ordinaire, permettant ainsi d'atteindre des températures plus élevées. Il brûle également plus lentement, ce qui permet de maintenir des températures stables et constantes pendant des périodes prolongées.

Le fourneau de la forge à charbon est souvent constitué d'une cuve en acier résistant à la chaleur, qui est remplie de charbon de bois. Le charbon est ensuite allumé et soufflé à l'aide de soufflets pour alimenter le feu. Le métal à forger est ensuite chauffé dans la forge jusqu'à ce qu'il atteigne une température suffisamment élevée pour pouvoir être travaillé.

L'une des principales différences entre la forge à charbon et d'autres techniques de forge modernes, telles que la forge à gaz et la forge électrique, est la quantité de temps nécessaire pour chauffer le métal. La forge à charbon prend plus de temps pour chauffer le métal, mais elle permet également aux forgerons d'avoir un plus grand contrôle sur la température et la forme du métal.

La forge à charbon a été utilisée pour créer une grande variété d'objets, allant des outils de jardinage aux épées et armures de guerre. Elle est également utilisée dans la création d'objets décoratifs en fer forgé tels que les grilles et les portails.

Malgré ses avantages, la forge à charbon a également ses inconvénients. L'utilisation de charbon de bois comme combustible peut produire des émissions de gaz nocifs pour l'environnement, tels que le dioxyde de carbone et le monoxyde de carbone. Les forgerons doivent également être prudents lorsqu'ils travaillent avec le feu et les températures élevées, car cela peut représenter un danger pour leur sécurité.

La forge à gaz

La forge à gaz est l'un des types de forges les plus utilisés de nos jours. Elle utilise du gaz naturel ou du propane comme combustible pour chauffer le métal à forger. Ce type de forge présente plusieurs avantages par rapport à d'autres types de forges.

Tout d'abord, la forge à gaz est facile à allumer et à éteindre. Elle peut être utilisée rapidement et est idéale pour les travaux de petite et moyenne envergure. De plus, contrairement à la forge à charbon, elle ne produit pas de fumée, ce qui en fait une option plus écologique.

La forge à gaz est également plus sûre que la forge à charbon car elle émet moins de gaz nocifs. Elle ne nécessite pas non plus de manipulation de charbon ou de bois qui peut être dangereux pour les personnes qui ne sont pas formées à son utilisation.

Un autre avantage de la forge à gaz est qu'elle permet un contrôle précis de la température. Cela permet aux forgerons de chauffer le métal à une température spécifique, ce qui est crucial pour des travaux de forge précis.

En ce qui concerne les inconvénients, la forge à gaz peut être plus coûteuse que d'autres types de forges. Le coût du gaz peut également augmenter si le prix du gaz naturel ou du propane augmente. De plus, elle peut être moins pratique pour les travaux de grande envergure, qui nécessitent une grande quantité de métal à chauffer.

La forge électrique

La forge électrique est une technique de forge moderne qui utilise l'électricité pour chauffer le métal au lieu du charbon ou du gaz. C'est une méthode qui a gagné en popularité au fil des années en raison de son efficacité, de sa propreté et de sa facilité d'utilisation. Cette technique a permis aux forgerons de produire des pièces plus rapidement et avec plus de précision.

Le principal avantage de la forge électrique est sa capacité à chauffer le métal très rapidement et avec une grande précision. Les forgerons peuvent contrôler la température avec précision, ce qui leur permet de travailler sur des pièces plus délicates et plus précises qu'auparavant. Les forges électriques sont également plus propres que les forges à charbon ou à gaz, car elles ne produisent pas de fumée ou de cendres.

La forge électrique est utilisée pour forger une variété de métaux, y compris l'acier, le cuivre et le laiton. Les forgerons peuvent également utiliser cette technique pour produire des pièces de formes et de tailles différentes. Ils peuvent créer des pièces plus grandes ou plus petites en fonction des besoins spécifiques du projet.

Les forges électriques sont également utiles pour la production en série de pièces. Les forgerons peuvent utiliser des matrices et des moules pour produire des pièces en série avec une grande précision. Cette technique est souvent utilisée dans la production d'outils, de pièces automobiles et dans la construction navale.

Cependant, la forge électrique a également ses limites. Par exemple, elle n'est pas toujours adaptée aux projets de grande taille. Dans ce cas, les forgerons doivent utiliser des techniques de forge traditionnelles pour réaliser leur projet.

Les matériaux

Le fer

Le fer est l'un des métaux les plus couramment utilisés en forge, notamment en raison de sa facilité d'utilisation et de sa résistance. Il est également l'un des métaux les plus abondants sur Terre. L'histoire de l'utilisation du fer remonte à des milliers d'années, lorsque les humains ont découvert comment extraire le fer des minerais et l'utiliser pour fabriquer des outils et des armes.

Le processus d'extraction du fer du minerai est appelé la métallurgie du fer. Les minerais de fer sont chauffés dans un fourneau à haute température avec du charbon, ce qui réduit le minerai en fer fondu. Le fer fondu est ensuite versé dans des moules pour créer des formes spécifiques. Les forgerons peuvent ensuite travailler le fer fondu à haute température pour le façonner et le forger selon leurs besoins.

Il existe de nombreux types de fer, chacun ayant des propriétés différentes. Le fer pur est mou et malléable, mais il est également faible et se corrode facilement. Pour cette raison, le fer est souvent allié avec d'autres métaux pour améliorer ses propriétés. L'acier, par exemple, est un alliage de fer et de carbone qui est dur, résistant et ne se corrode pas facilement.

Le choix du type de fer utilisé en forge dépend du projet en cours. Les forgerons doivent tenir compte des propriétés du fer ainsi que des exigences du projet pour déterminer quel type de fer convient le mieux. Par exemple, un projet nécessitant une résistance à la corrosion peut nécessiter l'utilisation d'un alliage d'acier inoxydable, tandis qu'un projet nécessitant une grande résistance peut nécessiter l'utilisation d'un acier au carbone trempé.

La forge du fer nécessite une grande habileté et une maîtrise de diverses techniques de forge. Le fer doit être chauffé à haute température pour devenir malléable et pouvoir être travaillé avec des outils de forge. Les forgerons utilisent ensuite des marteaux et des enclumes pour façonner le fer selon leurs besoins. La soudure est également souvent utilisée pour joindre plusieurs pièces de fer ensemble.

Le fer forgé est souvent utilisé dans la création d'objets décoratifs et d'art, ainsi que dans la fabrication d'outils et d'armes. Les forgerons peuvent créer des pièces complexes en utilisant des techniques décoratives telles que la gravure, le ciselage et la damasquinure.

L'acier

L'acier est un alliage de fer et de carbone, avec une teneur en carbone comprise entre 0,03% et 2,1%. Il est utilisé depuis des milliers d'années pour fabriquer des outils et des armes. Les forgerons ont appris à maîtriser la teneur en carbone pour obtenir différentes propriétés, telles que la dureté, la résistance et la flexibilité. Les aciers modernes peuvent contenir d'autres éléments d'addition tels que le chrome, le molybdène et le vanadium, qui améliorent leurs propriétés.

Les aciers à faible teneur en carbone sont faciles à travailler et à souder, mais ont une faible résistance et sont peu durs. Les aciers à haute teneur en carbone, tels que l'acier damassé, sont plus durs et plus résistants, mais sont plus difficiles à travailler. Les aciers inoxydables sont des aciers contenant du chrome et d'autres éléments qui leur confèrent une grande résistance à la corrosion.

La forge de l'acier nécessite une température élevée pour le rendre malléable, suivi d'un martelage pour le mettre en forme. Les forgerons peuvent utiliser différentes techniques de forge pour obtenir des résultats différents, tels que le pliage et le roulage pour créer des motifs décoratifs et des lames damassées.

Les aciers sont utilisés dans de nombreux domaines, notamment la coutellerie, l'armurerie, la construction, l'automobile et l'aéronautique. Les aciers de haute qualité sont utilisés dans les lames de rasoirs, les ciseaux et les instruments chirurgicaux.

Il est important de choisir le bon acier en fonction de l'application. Par exemple, un acier de construction doit être résistant aux chocs et à la déformation, tandis qu'un acier de coutellerie doit être dur et tranchant. Les forgerons doivent également tenir compte des caractéristiques du métal, telles que sa ductilité, sa résilience et sa ténacité.

L'acier est un matériau fascinant qui continue d'évoluer et de s'améliorer grâce aux avancées technologiques et à la recherche constante de nouvelles propriétés et applications. Les forgerons d'aujourd'hui sont confrontés à des défis différents de ceux d'autrefois, mais la passion pour l'art de la forge reste la même. Comme le dit le proverbe, « le fer se travaille, mais c'est le forgeron qui lui donne vie ».

Le cuivre

Le cuivre est un métal rougeâtre qui a été utilisé pendant des milliers d'années pour la fabrication d'objets décoratifs et fonctionnels. Les propriétés uniques du cuivre en font un matériau très prisé en forge. Il est doux, malléable, ductile et conducteur de chaleur et d'électricité. Sa couleur rougeâtre lui donne une apparence chaleureuse et vivante, qui ajoute une touche unique à tout projet de forge.

Le cuivre est extrait sous forme de minerai dans des gisements à travers le monde. Il est souvent associé à d'autres métaux, tels que le nickel et le zinc, pour créer des alliages avec des propriétés spécifiques. Par exemple, le laiton est un alliage de cuivre et de zinc, et le bronze est un alliage de cuivre, de zinc et d'étain.

Le cuivre est couramment utilisé pour créer des objets décoratifs tels que des sculptures, des fontaines et des lampes. Il est également utilisé pour fabriquer des ustensiles de cuisine tels que des casseroles et des poêles, car il est un excellent conducteur de chaleur. De plus, le cuivre est également utilisé dans l'industrie de la plomberie pour fabriquer des tuyaux et des raccords.

En forge, le cuivre peut être façonné en utilisant les mêmes techniques que celles utilisées pour travailler le fer et l'acier.

Cependant, en raison de sa malléabilité, le cuivre peut être plus facilement façonné en formes plus complexes et détaillées. Les artisans forgerons utilisent souvent des techniques telles que la mise en forme, le martelage et la soudure pour créer des œuvres d'art en cuivre.

Il existe également des techniques décoratives spécifiques pour travailler le cuivre. La technique de gravure, qui consiste à creuser des motifs dans le métal, est souvent utilisée pour ajouter des détails à des pièces en cuivre. La technique de ciselage, qui consiste à sculpter des motifs dans le métal, est également couramment utilisée.

Le cuivre peut également être oxydé pour créer une finition unique. L'oxydation est un processus chimique qui modifie la surface du cuivre, créant une couche de couleur verte ou bleue appelée patine. La patine est souvent utilisée pour donner un aspect antique et rustique aux objets en cuivre.

Enfin, il est important de choisir le bon alliage de cuivre pour chaque projet de forge. Le laiton, par exemple, est souvent utilisé pour les projets nécessitant une résistance à la corrosion, comme les accessoires de plomberie. Le bronze, quant à lui, est souvent utilisé pour les sculptures et les cloches en raison de sa résistance à la corrosion et de son son unique.

Le laiton

Le laiton est un alliage de cuivre et de zinc qui est utilisé depuis des siècles dans la forge artistique et décorative. Sa couleur jaune doré en fait un matériau populaire pour les objets d'ornement et les éléments décoratifs en fer forgé. Le laiton est également utilisé dans l'industrie pour la fabrication de diverses pièces, telles que des écrous et des boulons, des instruments de musique, des bijoux et des accessoires de mode.

Le laiton est connu pour sa résistance à la corrosion, sa ductilité et sa malléabilité, ce qui le rend facile à travailler. Il est également facilement usinable, ce qui le rend populaire dans la production de pièces mécaniques. En raison de ses propriétés de conductivité électrique et thermique, il est souvent utilisé dans la fabrication d'éléments électriques et électroniques.

Le laiton est un alliage qui peut varier en composition en fonction des besoins spécifiques. La proportion de cuivre et de zinc peut varier selon l'application souhaitée. Par exemple, le laiton de haute qualité pour les instruments de musique contiendra une plus grande proportion de cuivre, tandis que le laiton pour les applications industrielles contiendra une plus grande proportion de zinc.

En forge artistique, le laiton est souvent utilisé pour créer des éléments décoratifs en combinant des techniques de pliage, de martelage et de soudure. Les forgerons peuvent utiliser différentes techniques de gravure, de ciselage et de damasquinure pour ajouter des motifs et des textures au laiton. L'utilisation du laiton dans la forge artistique offre une grande variété de possibilités créatives.

En conclusion, le laiton est un alliage polyvalent et populaire dans la forge artistique et décorative ainsi que dans l'industrie. Ses propriétés physiques et sa facilité de travail en font un matériau précieux pour les forgerons. Les possibilités créatives offertes par l'utilisation du laiton dans la forge artistique sont infinies et permettent aux forgerons de créer des pièces uniques et exceptionnelles.

Le bronze

Le bronze est un alliage métallique composé principalement de cuivre et d'étain, ainsi que d'autres métaux comme le zinc, le plomb et le nickel. Le bronze est connu pour sa résistance à la corrosion, sa malléabilité et sa dureté, ce qui en fait un matériau populaire pour la fabrication d'objets d'art et d'artisanat.

Le bronze est apparu pour la première fois dans la région du Croissant fertile, au Moyen-Orient, il y a plus de 5000 ans, et a été utilisé pour fabriquer des armes, des outils et des bijoux. Les anciens Égyptiens utilisaient le bronze pour la fabrication de statues et de décorations de temple, tandis que les Grecs et les Romains l'utilisaient pour fabriquer des armes, des armures et des sculptures.

Le processus de fabrication du bronze consiste à mélanger du cuivre et de l'étain en proportions variables, en fonction de la dureté et de la couleur souhaitées. D'autres métaux peuvent également être ajoutés pour améliorer les propriétés du bronze, tels que le zinc pour augmenter la résistance à la corrosion.

La technique de la cire perdue est couramment utilisée pour la fabrication d'objets en bronze. Cette technique implique la création d'un modèle en cire de l'objet souhaité, qui est ensuite enrobé dans un matériau réfractaire. La cire est ensuite fondue, laissant une cavité dans laquelle le bronze est coulé. Une fois refroidi, le moule est brisé pour révéler l'objet en bronze final.

Le bronze est couramment utilisé dans la création d'objets décoratifs tels que des sculptures, des urnes et des chandeliers. Le bronze peut également être utilisé pour créer des pièces de monnaie et des médailles commémoratives. Dans la coutellerie, le bronze est utilisé pour créer des gardes de couteaux et des manches de poignées.

Le bronze est également un matériau populaire pour la création de cloches, en raison de sa capacité à produire un son riche et résonant. Les cloches en bronze ont été utilisées dans les églises et les temples du monde entier depuis des siècles.

Le choix des matériaux en fonction des projets

Le choix des matériaux est une étape cruciale dans le processus de forge, car il détermine en grande partie la qualité et la durabilité de l'objet final. Les matériaux disponibles pour la forge sont nombreux et variés, chacun ayant ses propres caractéristiques et avantages.

Le fer est un matériau de base pour la forge, utilisé depuis l'Antiquité. Il est facilement disponible, peu coûteux et offre une grande résistance mécanique. Cependant, il est également fragile et peu résistant à la corrosion, ce qui le rend inadapté pour certains projets.

L'acier est un alliage de fer et de carbone, qui est souvent utilisé pour la fabrication d'outils et d'armes. Il est plus dur et résistant que le fer, et peut être trempé pour augmenter sa dureté. Il existe de nombreux types d'acier, chacun ayant des propriétés et des caractéristiques différentes.

Le cuivre est un matériau doux, facile à travailler et qui offre une grande conductivité thermique et électrique. Il est souvent utilisé pour la fabrication d'objets décoratifs, de bijoux et d'instruments de musique.

Le laiton est un alliage de cuivre et de zinc, qui offre une bonne résistance à la corrosion et une grande malléabilité. Il est souvent utilisé pour la fabrication d'objets décoratifs, de robinetterie et d'instruments de musique.

Le bronze est un alliage de cuivre et d'étain, qui est souvent utilisé pour la fabrication d'objets décoratifs, de sculptures et d'armes. Il offre une grande résistance à la corrosion et une grande dureté.

Le choix des matériaux dépend du projet envisagé. Pour les objets décoratifs, le cuivre, le laiton et le bronze sont souvent préférés pour leur esthétique et leur résistance à la corrosion. Pour les outils et les armes, l'acier est souvent utilisé pour sa dureté et sa résistance à l'usure. Il est important de choisir le bon matériau en fonction de l'utilisation prévue de l'objet final.

En outre, la qualité des matériaux doit être prise en compte. Les matériaux de qualité inférieure peuvent avoir des défauts qui peuvent compromettre la qualité de l'objet final. Il est donc recommandé d'utiliser des matériaux de haute qualité pour obtenir les meilleurs résultats.

Les techniques de forge

Le chauffage du métal

Le chauffage du métal est une étape cruciale dans le processus de forge. C'est grâce à cette étape que le métal devient malléable et peut être façonné selon la volonté du forgeron. Il existe plusieurs méthodes pour chauffer le métal, et chacune présente des avantages et des inconvénients.

La méthode la plus courante est la chauffe à la flamme. Cette méthode utilise une source de chaleur telle qu'un chalumeau ou une torche oxyacétylénique pour chauffer le métal. La flamme peut être ajustée pour chauffer le métal uniformément et à la bonne température. Cette méthode est rapide et efficace, mais elle peut être coûteuse en raison de la consommation de gaz.

Une autre méthode est la chauffe à la forge à charbon. Cette méthode utilise du charbon de bois ou du coke pour produire une chaleur intense qui est utilisée pour chauffer le métal. La forge à charbon est idéale pour les gros projets, car elle peut chauffer de grandes quantités de métal en même temps. Elle est également économique car le charbon est relativement peu coûteux. Cependant, la forge à charbon nécessite une certaine compétence pour régler la température de manière précise.

La chauffe à induction est une méthode plus moderne qui utilise un champ électromagnétique pour chauffer le métal. Cette méthode est rapide et efficace, et elle est idéale pour les projets de petite à moyenne taille. Elle est également plus sûre que la chauffe à la flamme car elle ne produit pas de flammes ou de gaz. Cependant, la chauffe à induction peut être coûteuse en raison du coût initial de l'équipement.

Quelle que soit la méthode choisie, il est important de chauffer le métal uniformément pour éviter les déformations ou les fissures. Il est également important de surveiller la température du métal pour éviter la surchauffe, qui peut rendre le métal trop mou ou le faire fondre.

Le martelage et la mise en forme

Le martelage et la mise en forme sont des étapes cruciales de la forge. Elles consistent à donner forme au métal à l'aide de coups de marteau réguliers et contrôlés sur l'enclume. Cette étape permet de transformer le métal brut en une pièce d'art fonctionnelle et esthétique.

Le choix du marteau est important pour obtenir la forme et la texture souhaitées. Les marteaux à panne plate sont les plus courants et sont utilisés pour aplatir et étirer le métal. Les marteaux à panne arrondie sont utilisés pour les courbes et les angles, tandis que les marteaux à panne carrée sont utilisés pour les coins et les bords. Il existe également des marteaux à boule, qui sont utilisés pour les textures et les finitions.

Le chauffage du métal est une étape importante pour obtenir une pièce de qualité. Le métal doit être chauffé uniformément pour éviter les fissures et les déformations. La température idéale varie en fonction du type de métal et de la pièce que l'on souhaite forger. Le forgeron doit donc avoir une bonne connaissance des propriétés des différents métaux.

Le choix des techniques de martelage et de mise en forme dépend du projet. La technique de martelage la plus courante est la technique de la forge libre, qui consiste à marteler le métal librement pour lui donner la forme souhaitée. La technique de la forge en série consiste à utiliser une matrice pour forger plusieurs pièces identiques. Cette technique est utilisée pour les projets en série tels que les clous, les vis et les écrous.

La mise en forme peut également être réalisée à l'aide de presses hydrauliques, de rouleaux, de machines à plier et de cisailles. Ces outils permettent de réaliser des formes complexes et précises.

Le pliage et le roulage

Dans le processus de forge, le pliage et le roulage sont des techniques essentielles pour donner forme au métal. Le pliage consiste à tordre et à courber le métal pour créer des formes intéressantes, tandis que le roulage implique de rouler le métal pour le réduire en épaisseur et lui donner une forme plane ou courbe.

Le pliage est une technique souvent utilisée pour créer des formes complexes comme des spirales, des courbes douces, des volutes et des crochets. Pour réaliser un pliage, il est important de chauffer le métal pour le rendre malléable, puis de le courber en utilisant des outils adaptés tels que des pinces ou des marteaux. Il est important de travailler rapidement car le métal refroidit rapidement et peut se casser s'il est manipulé trop longtemps.

Le roulage est une technique utilisée pour réduire l'épaisseur du métal et lui donner une forme plane ou courbe. Pour réaliser cette technique, le métal doit être chauffé et ensuite passé entre deux cylindres. Le métal est ainsi aplati et réduit en épaisseur. Cette technique peut être utilisée pour créer des feuilles de métal, des plaques, des tuyaux et des profilés.

Il est important de choisir la bonne méthode de pliage et de roulage en fonction du projet et des matériaux utilisés. Par exemple, le pliage peut être plus adapté pour créer des formes organiques comme des feuilles, des fleurs ou des animaux, tandis que le roulage peut être plus adapté pour créer des formes planes ou courbes comme des profilés ou des tuyaux.

La technique de pliage peut également être combinée avec d'autres techniques de forge comme la soudure pour créer des structures plus complexes. Par exemple, un artisan peut plier et souder plusieurs feuilles de métal pour créer une sculpture ou un élément décoratif.

Les techniques de soudure

Les techniques de soudure sont essentielles dans l'art de la forge. La soudure consiste à assembler deux pièces de métal en utilisant de la chaleur pour les faire fondre légèrement, puis en les pressant ensemble pour qu'elles se soudent. Il existe plusieurs techniques de soudure que les forgerons doivent maîtriser.

La première technique est la soudure à la forge. Cette technique consiste à chauffer les deux pièces de métal à souder, puis à les presser ensemble en utilisant un marteau et une enclume. Cette méthode est souvent utilisée pour souder des pièces de métal de forme complexe ou pour souder des métaux de différentes épaisseurs.

La deuxième technique est la soudure oxyacétylénique. Cette méthode utilise une flamme pour chauffer les pièces de métal à souder. Un chalumeau à oxygène et à acétylène est utilisé pour produire une flamme chaude qui est dirigée sur les pièces de métal. Les pièces sont ensuite pressées ensemble pour les souder.

La troisième technique est la soudure TIG. Cette technique utilise un arc électrique pour chauffer les pièces de métal à souder. Un fil de tungstène est utilisé pour produire l'arc électrique, et un gaz inerte est utilisé pour protéger la zone de soudure de l'oxygène de l'air. Cette méthode est souvent utilisée pour souder des métaux fins ou pour des soudures de précision.

La quatrième technique est la soudure MIG. Cette technique utilise un arc électrique pour chauffer les pièces de métal à souder. Un fil métallique est utilisé pour alimenter le métal de soudure, et un gaz inerte est utilisé pour protéger la zone de soudure de l'oxygène de l'air. Cette méthode est souvent utilisée pour souder des métaux plus épais ou pour des soudures plus rapides.

Il est important de noter que chaque technique de soudure a ses avantages et ses inconvénients, et que le choix de la méthode dépendra de plusieurs facteurs tels que le type de métal, l'épaisseur du métal et l'objectif final de la pièce.

Enfin, il est important de se rappeler que la soudure est une compétence qui demande de la pratique et de la patience pour maîtriser. Les forgerons débutants doivent prendre le temps d'apprendre et de pratiquer chaque technique de soudure pour devenir des maîtres forgerons expérimentés. Comme pour toutes les compétences en forge, la pratique régulière est la clé du succès.

Les finitions et traitements thermiques

Les finitions et traitements thermiques sont des étapes importantes dans le processus de forge, qui permettent de renforcer la résistance, la durabilité et l'esthétique des pièces forgées. Ces étapes consistent à chauffer, refroidir et traiter le métal d'une manière spécifique, en fonction du matériau et de l'usage prévu de la pièce.

Les finitions sont les étapes qui interviennent juste après la forge, elles permettent de donner une forme et une apparence spécifique à la pièce. La finition peut inclure le meulage, le polissage, le brossage, le sablage, le ciselage, la gravure, la patine ou la peinture. Chaque méthode a ses avantages et ses inconvénients en fonction de la finition recherchée. Par exemple, le polissage peut donner un éclat brillant à une pièce, mais peut également la rendre plus sujette à la corrosion, tandis que le brossage peut donner une texture unique à la surface de la pièce.

Les traitements thermiques quant à eux, sont des étapes qui visent à renforcer les propriétés mécaniques du métal. Le traitement thermique est un processus complexe qui peut inclure plusieurs étapes, comme la trempe, le revenu, l'annealing ou le recuit. Chaque étape a un effet spécifique sur le matériau. Par exemple, la trempe permet de durcir le métal en le refroidissant rapidement dans un bain de liquide, tandis que le revenu permet de réduire la fragilité du métal en le chauffant à une température spécifique.

Il est important de noter que chaque matériau réagit différemment aux finitions et aux traitements thermiques, il est donc important de comprendre les propriétés et les caractéristiques de chaque matériau avant de commencer la forge. Par exemple, l'acier peut être trempé pour le durcir, mais le cuivre ne peut pas l'être. De même, le traitement thermique qui fonctionne pour un type d'acier peut ne pas fonctionner pour un autre.

Enfin, il est important de noter que les finitions et les traitements thermiques peuvent affecter l'esthétique de la pièce. Par exemple, la trempe peut donner un aspect bleuté à la surface de l'acier, tandis que le recuit peut donner un aspect plus foncé. Ces effets peuvent être utilisés à des fins décoratives ou peuvent être évités en utilisant des méthodes de finition spécifiques.

La forge artistique et décorative

Techniques décoratives : La gravure

La gravure est une technique décorative qui consiste à creuser des motifs dans le métal à l'aide d'outils tels que des burins et des ciseaux. Cette technique peut être utilisée pour ajouter des détails ornementaux à des objets forgés tels que des armes, des bijoux et des sculptures.

La gravure peut être réalisée à la main ou à l'aide de machines telles que des pantographes et des fraiseuses à commande numérique. Les outils utilisés pour la gravure manuelle peuvent varier en fonction du type de métal à travailler et du motif à réaliser. Les outils couramment utilisés incluent des burins droits, des burins courbés, des ciseaux, des grattoirs et des poinçons.

Lorsqu'on travaille avec des métaux plus durs tels que l'acier, il peut être nécessaire de chauffer la pièce avant de la graver. Cela rend le métal plus malléable et facilite le travail des outils de gravure. Il est également important d'utiliser des techniques de refroidissement pour éviter que le métal ne se déforme ou ne se fissure pendant le processus de gravure.

Les motifs gravés peuvent varier en fonction du projet et peuvent inclure des motifs floraux, des motifs géométriques et des images représentant des animaux ou des personnes. Les artistes peuvent également utiliser la gravure pour ajouter du texte à leurs créations, tels que des noms, des dates et des citations.

La gravure est une technique qui nécessite une grande précision et une attention méticuleuse aux détails. Les artistes doivent être patients et concentrés, car une erreur peut ruiner tout le travail. Cependant, lorsque la gravure est bien exécutée, elle peut ajouter une belle touche de sophistication et de beauté à un objet forgé.

Techniques décoratives : Le ciselage

Le ciselage est une technique décorative ancienne qui consiste à graver des motifs sur une surface métallique à l'aide d'un burin et d'un marteau. Cette technique permet de créer des motifs en relief ou en creux, et de donner une texture à une surface lisse.

Le ciselage est souvent utilisé en combinaison avec d'autres techniques de forge, comme le martelage et la mise en forme, pour créer des pièces complexes et élaborées. Il peut être utilisé pour décorer une grande variété d'objets, allant des bijoux aux armes en passant par les objets d'art et les éléments décoratifs en fer forgé.

Pour réaliser un motif en ciselage, le forgeron doit d'abord tracer le motif sur la surface métallique à l'aide d'un crayon ou d'une pointe sèche. Ensuite, il utilise un burin pour creuser le métal le long des lignes du motif. La force et la précision du coup de marteau sont essentielles pour obtenir un résultat net et précis.

Le ciselage peut être utilisé pour créer une grande variété de motifs, allant des motifs géométriques simples aux motifs floraux complexes. Les forgerons peuvent également utiliser le ciselage pour créer des effets de lumière et de texture, en combinant des motifs en creux et en relief.

Le ciselage est une technique qui demande de la patience, de la précision et de la créativité. Les forgerons qui souhaitent se perfectionner dans cette technique doivent s'entraîner régulièrement et expérimenter avec différents types de burins et de marteaux pour trouver ceux qui conviennent le mieux à leur style et à leur projet.

En fin de compte, le ciselage est une technique décorative qui permet aux forgerons de créer des pièces uniques et élégantes qui reflètent leur créativité et leur savoir-faire. Que ce soit pour la décoration d'une pièce ou la création d'un objet d'art, le ciselage est une technique qui mérite d'être explorée et apprise par tous les passionnés de la forge.

Techniques décoratives : La damasquinure

La damasquinure est une technique de forge qui consiste à décorer un objet en incrustant des fils de métaux précieux (or, argent, cuivre, etc.) dans un matériau de base en métal. Cette technique a été utilisée depuis l'Antiquité et est toujours appréciée aujourd'hui pour sa beauté et son élégance.

La damasquinure nécessite une grande précision et un savoir-faire exceptionnel pour créer des motifs complexes et fins qui mettent en valeur la beauté du métal. Les artisans qui maîtrisent cette technique doivent avoir une connaissance approfondie des différents métaux et de leurs propriétés, ainsi que des compétences en dessin et en gravure.

Le processus de damasquinure commence par le choix d'un matériau de base en métal, comme le fer ou l'acier, qui servira de support pour les fils de métaux précieux. Le matériau de base est ensuite chauffé et martelé pour le rendre plus malléable. Les fils de métaux précieux sont ensuite insérés dans des rainures et des encoches qui ont été préalablement gravées dans le matériau de base. Les fils sont ensuite martelés pour les fixer solidement en place.

Les motifs créés par la damasquinure peuvent être simples ou complexes. Les motifs les plus simples sont généralement des lignes droites, des cercles et des points, tandis que les motifs plus complexes peuvent inclure des formes géométriques, des motifs floraux et des scènes détaillées.

Les artisans qui maîtrisent la damasquinure peuvent également utiliser des techniques de gravure pour créer des motifs en relief sur le matériau de base. Ces motifs peuvent être peints ou laissés en relief pour créer un contraste intéressant avec les fils de métaux précieux.

La damasquinure peut être utilisée pour décorer une variété d'objets, notamment des armes, des bijoux, des montres et des instruments de musique. Les artisans qui utilisent cette technique doivent être minutieux et patients, car la création de motifs complexes peut prendre des heures, voire des jours.

Les éléments décoratifs en fer forgé

Les grilles et portails

Lorsqu'on parle de forge artistique et décorative, les grilles et portails en fer forgé sont des éléments incontournables. Bien plus qu'un simple moyen de sécurité ou d'intimité, ils peuvent être de véritables œuvres d'art qui embellissent l'architecture des bâtiments. Dans cette section, nous allons découvrir les secrets de fabrication des grilles et portails en fer forgé.

La première étape dans la fabrication d'une grille ou d'un portail en fer forgé consiste à dessiner le motif. Les forgerons peuvent s'inspirer d'une grande variété de styles et de motifs, allant du classique au contemporain. Une fois le dessin terminé, le forgeron peut passer à la phase de production.

Pour fabriquer une grille en fer forgé, le forgeron utilise un métal chaud et le travaille à l'aide d'un marteau et d'enclumes pour donner forme au motif. Les pièces sont ensuite assemblées en utilisant des techniques de soudure. Le processus de forgeage peut prendre plusieurs heures, voire plusieurs jours, en fonction de la complexité du motif.

Les portails en fer forgé nécessitent souvent un travail plus important que les grilles. En plus des motifs décoratifs, ils doivent être suffisamment solides pour résister aux intempéries et aux tentatives d'intrusion. Pour cette raison, les portails sont souvent renforcés avec des barres en acier qui sont ensuite soudées en place.

La finition est une étape importante dans la fabrication des grilles et portails en fer forgé. Après le forgeage et l'assemblage, le métal est souvent soumis à des traitements de polissage pour enlever les impuretés et les taches de rouille. Une fois le polissage terminé, le forgeron peut appliquer une couche de vernis protecteur pour préserver la beauté du métal.

Le choix des matériaux est également important dans la fabrication des grilles et portails en fer forgé. Les forgerons utilisent souvent des métaux de qualité supérieure tels que l'acier inoxydable, qui est résistant à la corrosion, ou le laiton, qui offre une belle patine dorée avec le temps.

Les rampes et balustrades

Les rampes et balustrades en fer forgé sont des éléments essentiels pour la sécurité et l'esthétique des escaliers, balcons et terrasses. Leur conception et leur fabrication nécessitent des compétences et des connaissances approfondies dans l'art de la forge.

La première étape de la création de rampes et balustrades en fer forgé est la conception. Le forgeron doit tenir compte des dimensions, de l'emplacement et de l'usage prévu pour l'escalier, le balcon ou la terrasse. Il doit également prendre en compte les contraintes de sécurité et les codes de construction locaux. Une fois la conception terminée, le forgeron doit choisir les matériaux appropriés et les techniques de forge à utiliser.

Le choix des matériaux dépendra de l'utilisation prévue de la rampe ou de la balustrade. Le fer est souvent utilisé pour les projets extérieurs car il est résistant à la corrosion et peut être facilement travaillé. Les rampes et balustrades peuvent également être fabriquées en acier, cuivre, laiton ou bronze pour un aspect plus luxueux et élégant.

La fabrication de rampes et balustrades en fer forgé implique des techniques de forge complexes telles que le pliage, la torsion et le martelage. Le forgeron doit être capable de créer des motifs esthétiques, des textures et des finitions pour donner vie à la conception de la rampe ou de la balustrade.

Les rampes et balustrades en fer forgé peuvent également être personnalisées avec des éléments décoratifs tels que des volutes, des motifs floraux et des motifs géométriques. Les possibilités créatives sont infinies et dépendent de l'imagination et des compétences du forgeron.

En plus de leur esthétique, les rampes et balustrades en fer forgé ont un rôle important dans la sécurité des escaliers, balcons et terrasses. Ils doivent être conçus et installés conformément aux normes de sécurité locales pour éviter tout risque de chute ou d'accident.

Les objets d'art et sculptures

La forge artistique et décorative est une des branches les plus fascinantes de l'art de la forge. Elle se caractérise par l'utilisation de techniques de forge sophistiquées pour créer des objets d'art uniques, des sculptures et des éléments décoratifs pour l'architecture.

Dans la forge artistique, les forgerons sont des artistes, qui utilisent leur créativité pour réaliser des œuvres qui sont à la fois esthétiques et fonctionnelles. Les techniques de forge employées dans cette branche vont au-delà de la simple mise en forme du métal. Les maîtres forgerons de l'art utilisent des techniques de travail du métal qui sont plus proches de la sculpture que de la forge traditionnelle.

Pour créer des sculptures et des objets d'art uniques, les forgerons doivent avoir une connaissance approfondie des propriétés des métaux, ainsi qu'une grande expérience de la forge. Ils utilisent souvent des techniques décoratives telles que la gravure, le ciselage et la damasquinure pour embellir leurs œuvres.

Dans la forge artistique, le métal est un matériau très versatile qui permet la création d'œuvres aux formes complexes. Les forgerons utilisent souvent des techniques de pliage et de roulage pour créer des formes organiques et fluides qui défient les limites de la matière première.

En plus de la sculpture, la forge artistique est utilisée pour la création d'éléments décoratifs pour l'architecture tels que les grilles, les portails, les rampes et les balustrades. Ces éléments sont souvent réalisés sur mesure pour s'adapter parfaitement à l'environnement architectural.

La coutellerie est également une branche de la forge artistique. Les maîtres forgerons qui travaillent dans ce domaine sont spécialisés dans la création de lames de couteaux et d'armes blanches. Ils utilisent des techniques de forge avancées pour créer des lames qui sont à la fois belles et fonctionnelles. Les lames damassées, une technique de forge qui consiste à superposer plusieurs couches de différents aciers pour créer des motifs uniques, sont un exemple de l'expertise requise pour la coutellerie.

La forge appliquée à la coutellerie et aux armes blanches

Les types de lames

Dans l'univers de la forge, les lames occupent une place importante. Les lames sont des objets qui ont une fonction pratique mais qui peuvent aussi être de véritables œuvres d'art. Dans cette section, nous allons explorer les différents types de lames que les forgerons peuvent réaliser.

Tout d'abord, il y a les lames droites. Celles-ci sont utilisées pour les couteaux, les épées et autres objets tranchants. La forme et la taille des lames peuvent varier en fonction de leur utilisation. Les lames droites peuvent être simples ou complexes, avec une seule arête ou plusieurs, avec un tranchant fin ou large.

Ensuite, il y a les lames courbes. Ce type de lame est souvent utilisé pour les couteaux de cuisine ou pour les sabres. Les lames courbes peuvent être légèrement incurvées ou totalement recourbées.

Il y a également les lames à double tranchant, comme les dagues ou les poignards. Les lames à double tranchant sont souvent plus courtes que les lames droites, mais elles peuvent être très efficaces pour les combats rapprochés.

Les lames dentées sont également très populaires, surtout pour les couteaux de cuisine ou de chasse. Les dents permettent de couper plus facilement certains aliments ou matériaux.

Il existe également des lames très spécifiques, comme les lames de faux utilisées pour la moisson, ou les lames de hache. Les lames de hache sont souvent utilisées pour couper du bois ou pour des combats rapprochés.

Enfin, il y a les lames damassées. Les lames damassées sont un type de lame très particulier, qui est réalisé en superposant plusieurs couches de différents métaux avant de les forger ensemble. Cela donne un effet de striures et de motifs très apprécié des collectionneurs.

Chaque type de lame nécessite des techniques de forge et de traitement thermique spécifiques. Par exemple, pour les lames damassées, la forge doit être réalisée à très haute température pour permettre aux métaux de se mélanger et de créer les motifs souhaités. Le traitement thermique est également crucial pour donner à la lame les propriétés physiques requises pour son utilisation.

La forge de lames damassées

La forge de lames damassées est l'une des techniques de forge les plus anciennes et les plus complexes. Elle est utilisée pour produire des lames avec une apparence unique et une résistance accrue. Cette technique consiste à assembler plusieurs couches de métaux différents, puis à les chauffer, les marteler et les souder ensemble. La lame résultante présente des motifs ondulés distinctifs, créés par les différentes couches de métal.

Pour créer une lame damassée, le forgeron doit d'abord sélectionner les métaux appropriés pour les différentes couches. Les métaux communs utilisés pour les lames damassées sont l'acier au carbone et l'acier inoxydable, mais d'autres métaux tels que le cuivre, le laiton et le nickel peuvent également être utilisés pour produire des motifs contrastants. Une fois les métaux sélectionnés, ils sont coupés en formes rectangulaires et empilés en alternance pour créer une « pile » de couches.

La pile de métaux est ensuite chauffée dans un four et martelée pour les souder ensemble. Cette étape est cruciale pour garantir que les différentes couches adhèrent correctement les unes aux autres. Le processus de chauffage et de martelage est répété plusieurs fois jusqu'à ce que les couches soient bien soudées.

Une fois que la pile est soudée, le forgeron forme la lame en la martelant et en la façonnant à la forme voulue. Les couches de métal donnent à la lame une apparence ondulée caractéristique, qui peut être accentuée en utilisant une technique de gravure appelée « tâches ». Les tâches impliquent d'utiliser un burin pour créer des sillons dans la surface de la lame, révélant ainsi les différentes couches de métal.

Enfin, la lame est trempée pour améliorer sa résistance et sa durabilité. La trempe est un processus où la lame est chauffée jusqu'à une température élevée, puis rapidement refroidie dans de l'eau ou de l'huile pour durcir la surface de la lame. La lame est ensuite revenue en la chauffant à une température plus basse pour réduire la fragilité.

Les lames damassées sont très appréciées pour leur apparence unique et leur résistance accrue, mais leur processus de fabrication est complexe et exigeant. La forge de lames damassées nécessite un savoir-faire et une expertise considérables, ainsi qu'un équipement spécialisé. Les forgerons qui maîtrisent cette technique sont souvent considérés comme des artisans exceptionnels, capables de créer des pièces de grande valeur et de beauté.

La trempe et la revenure

La trempe et la revenure sont deux étapes cruciales dans le processus de forge des lames et des outils en métal. La trempe consiste à chauffer le métal jusqu'à une température critique, puis à le refroidir rapidement dans un milieu tel que de l'eau, de l'huile ou de l'air comprimé. Cette opération confère au métal une dureté accrue mais rend la lame ou l'outil plus cassant. C'est là qu'intervient la revenure, qui consiste à chauffer la lame ou l'outil à une température inférieure à celle de la trempe, mais suffisamment élevée pour détendre les tensions internes créées lors de la trempe. Cela confère au métal une plus grande résistance aux chocs et aux contraintes.

Pour assurer une trempe et une revenure efficaces, il est important de choisir le milieu de trempe approprié en fonction du type de métal et de la forme de l'outil. Par exemple, les aciers à haute teneur en carbone sont généralement trempés dans de l'huile, tandis que les aciers à faible teneur en carbone sont trempés dans de l'eau. Les outils tels que les lames de couteau doivent être trempés de manière à ce que le refroidissement soit uniforme sur toute la surface pour éviter les fissures et les déformations.

La température de chauffage pour la trempe et la revenure est également critique. Une température trop élevée peut entraîner une perte de dureté, tandis qu'une température trop basse peut entraîner une perte de résistance. Les forgerons expérimentés ajustent souvent la température de chauffage en fonction de la couleur de la pièce en métal, qui peut indiquer la température atteinte.

Il convient également de noter que la trempe et la revenure ne sont pas toujours nécessaires pour tous les types d'outils. Par exemple, les marteaux et les pinces ne nécessitent pas de trempe et de revenure car ils ne sont pas soumis à des contraintes importantes lors de leur utilisation.

En fin de compte, la trempe et la revenure sont des compétences cruciales pour tout forgeron cherchant à produire des outils durables et de haute qualité. Les forgerons doivent être en mesure de choisir le milieu de trempe approprié et de chauffer le métal à la température optimale pour assurer des résultats optimaux. Cependant, la pratique et l'expérience sont également essentielles pour maîtriser ces techniques subtiles.

Les manches et les montages

Lorsqu'on parle de la forge appliquée à la coutellerie et aux armes blanches, il est important de considérer l'un des éléments les plus importants de ces objets : les manches et les montages. Le manche d'un couteau ou d'une épée est l'élément qui permet une bonne prise en main de l'objet, tandis que le montage est la manière dont la lame est fixée au manche. Les manches et les montages sont des éléments clés qui assurent à la fois l'aspect esthétique et la fonctionnalité de l'objet forgé.

La sélection du matériau pour le manche peut varier en fonction de l'usage prévu. Les manches peuvent être fabriqués à partir de bois, d'os, d'ivoire, de corne, de cuir, de métaux précieux ou même de matériaux composites modernes tels que la fibre de carbone ou le G10. Le choix du matériau doit être adapté à la forme et à la taille de l'objet, ainsi qu'à la préférence personnelle du forgeron et du propriétaire de l'objet.

Le montage peut être réalisé de différentes manières en fonction de l'objet et de l'usage prévu. Les montages peuvent être réalisés en utilisant une soie traversante, une soie demi-tang ou une soie pleine. La soie traversante est la méthode la plus courante pour les couteaux, où la lame passe à travers le manche jusqu'au bout, offrant une meilleure stabilité et un maintien solide. La soie demi-tang est utilisée pour les couteaux plus légers ou les épées, où la soie passe à travers une partie du manche, tandis que la soie pleine est utilisée pour les outils plus lourds où la soie passe à travers tout le manche.

En plus de la fixation mécanique, il est également important de prendre en compte l'adhérence et la stabilité de la lame avec le manche. Les manches peuvent être réalisés avec des rainures, des ergots ou des ornements pour offrir une meilleure prise en main. Des techniques telles que le tressage du cuir ou la sculpture du bois peuvent également offrir une adhérence supplémentaire tout en ajoutant une touche artistique à l'objet.

Enfin, il est important de prendre en compte l'esthétique globale de l'objet. Le manche et le montage doivent être en harmonie avec la lame pour créer un objet cohérent et visuellement attractif. Des matériaux tels que le cuivre, le laiton ou même l'or peuvent être utilisés pour décorer le manche et le montage, offrant une touche supplémentaire de personnalisation.

Les finitions et affûtage

Dans l'art de la forge, les finitions et l'affûtage sont des étapes cruciales pour transformer une pièce brute en une œuvre d'art finie. Les finitions se réfèrent à toutes les étapes de traitement de surface qui donnent au métal sa texture, sa couleur et son apparence. L'affûtage, quant à lui, consiste à aiguiser les outils de coupe pour obtenir une bordure fine et tranchante.

Pour obtenir des finitions de qualité, il est important de choisir la bonne méthode en fonction du matériau, de la forme et du style de l'œuvre. Les méthodes courantes comprennent le ponçage, le brossage, la gravure, la patine et la dorure. Le ponçage est utilisé pour obtenir une surface lisse et uniforme, tandis que le brossage est utilisé pour créer des textures et des motifs. La gravure est une technique de marquage permanente qui peut être utilisée pour créer des dessins, des motifs ou des lettres sur le métal. La patine et la dorure sont des techniques de traitement de surface qui peuvent être utilisées pour ajouter de la couleur et de la profondeur à une pièce.

L'affûtage des outils de coupe est une compétence essentielle pour tout forgeron. Pour obtenir une bordure fine et tranchante, il est important de choisir la bonne méthode d'affûtage en fonction du matériau de l'outil, de la forme de la lame et de l'utilisation prévue. Les méthodes courantes comprennent l'affûtage à la pierre, à la meule ou avec une lime. Il est important de maintenir l'angle d'affûtage approprié et de suivre un processus d'affûtage régulier pour maintenir la qualité de la lame.

Une fois que la pièce est finie et affûtée, il est important de la protéger contre la corrosion et l'usure. Les méthodes courantes de protection incluent l'application d'une couche de cire, de vernis ou d'huile. L'utilisation de ces produits protégera le métal des dommages causés par l'exposition à l'air, à l'eau et à d'autres éléments.

La forge et les métiers connexes

La maréchalerie

La maréchalerie est une branche de la forge qui se concentre sur la fabrication et la réparation des fers à cheval. Les maréchaux-ferrants sont les artisans responsables de la maréchalerie, ils sont également experts en anatomie équine et peuvent détecter des anomalies dans les sabots des chevaux qui pourraient causer des douleurs ou des blessures.

Le travail de maréchal-ferrant requiert un savoir-faire exceptionnel et des compétences techniques avancées. Les maréchaux-ferrants doivent être en mesure de créer des fers à cheval qui correspondent exactement à la forme et à la taille des sabots des chevaux. Ils doivent également avoir une connaissance approfondie de la métallurgie pour sélectionner les meilleurs matériaux et les meilleurs traitements thermiques pour les fers.

La maréchalerie est une discipline très ancienne, qui remonte à l'époque romaine. Au fil du temps, les techniques ont évolué et les fers ont été améliorés pour offrir une meilleure protection et un meilleur confort aux chevaux. De nos jours, les maréchaux-ferrants utilisent des outils modernes tels que des forgeuses électriques et des presses hydrauliques pour fabriquer des fers à cheval.

En plus de la fabrication des fers à cheval, les maréchaux-ferrants sont également responsables de leur entretien et de leur remplacement. Ils doivent inspecter régulièrement les sabots des chevaux pour détecter des problèmes tels que des fissures ou des malformations. Si nécessaire, ils doivent retirer les fers usés et les remplacer par de nouveaux fers.

La maréchalerie est un métier très spécialisé qui demande beaucoup de pratique et d'expérience. Les maréchaux-ferrants doivent être capables de travailler rapidement et efficacement tout en veillant à ne pas blesser les chevaux. Les maréchaux-ferrants travaillent souvent en collaboration avec des vétérinaires pour résoudre des problèmes de santé des chevaux liés à leurs sabots.

En somme, la maréchalerie est un métier passionnant qui demande un savoir-faire exceptionnel et des compétences techniques avancées. Les maréchaux-ferrants sont des artisans talentueux qui sont responsables de la santé et du bien-être des chevaux en veillant à leur offrir des fers de qualité supérieure. Leur travail est essentiel pour assurer la sécurité et la performance des chevaux dans une variété d'activités équestres, telles que les compétitions et les randonnées.

La ferronnerie d'art

La ferronnerie d'art est un art ancestral qui consiste à travailler le fer pour créer des œuvres artistiques et décoratives. Elle a une longue histoire, remontant à l'Antiquité, où elle était utilisée pour créer des objets de la vie quotidienne, tels que des ustensiles de cuisine, des outils agricoles et des armes.

Au fil des siècles, la ferronnerie d'art s'est développée en une véritable forme d'art, utilisée pour créer des éléments décoratifs tels que des grilles, des portails, des rampes, des balustrades, des objets d'art et des sculptures. La ferronnerie d'art est un art qui peut être utilisé pour créer des éléments de décoration intérieure ou extérieure, qui peuvent être simples ou complexes, selon les désirs du client.

Le travail du fer nécessite une grande expertise et une connaissance approfondie des techniques de forge. Le ferronnier d'art utilise des techniques telles que la forge, le martelage, la mise en forme, la soudure, la gravure et le ciselage pour créer des œuvres d'art uniques. Les ferronniers d'art doivent également avoir une connaissance approfondie des matériaux, des outils et des équipements utilisés pour la ferronnerie d'art.

La ferronnerie d'art est un art qui offre de nombreuses possibilités pour créer des pièces uniques et personnalisées. Les ferronniers d'art peuvent travailler avec différents types de métaux tels que le fer, l'acier, le cuivre, le laiton et le bronze pour créer des pièces uniques. Ils peuvent également intégrer d'autres matériaux tels que le bois, le verre ou la pierre pour créer des œuvres d'art encore plus intéressantes et originales.

La ferronnerie d'art est un art qui peut être utilisé pour créer des éléments décoratifs pour tous les types de bâtiments, des maisons individuelles aux bâtiments publics et commerciaux. Les ferronniers d'art peuvent également créer des pièces d'art à grande échelle pour les parcs et les jardins publics.

Pour devenir un ferronnier d'art, il faut suivre une formation professionnelle et acquérir une expérience pratique. Les écoles et les formations professionnelles peuvent offrir une formation complète en ferronnerie d'art, couvrant toutes les techniques nécessaires pour créer des œuvres d'art de qualité. Les ateliers et les stages peuvent également offrir une formation pratique pour les ferronniers d'art en herbe.

La joaillerie et la bijouterie

La joaillerie et la bijouterie sont des métiers artisanaux qui requièrent un grand savoir-faire et une connaissance approfondie des métaux précieux tels que l'or, l'argent et le platine. Les bijoutiers utilisent ces métaux pour créer des pièces uniques, des bijoux de haute qualité et des accessoires élégants.

Le processus de création de bijoux commence par la conception de dessins, qui peuvent être faits à la main ou à l'aide de logiciels spécialisés. Les dessins sont ensuite transformés en modèles en cire, qui sont utilisés pour mouler les pièces en métal. Les bijoutiers utilisent ensuite une variété d'outils pour sculpter et façonner le métal, en utilisant des techniques telles que le martelage, le filage, le cintrage et le soudage.

Le choix des métaux précieux est crucial dans la création de bijoux et dépend souvent du type de bijou que l'on souhaite créer. L'or est souvent utilisé pour les bijoux haut de gamme en raison de sa rareté et de sa valeur, tandis que l'argent est un choix populaire pour les bijoux plus abordables. Le platine est également un choix commun pour les bijoux haut de gamme en raison de sa durabilité et de son éclat.

Les bijoutiers peuvent également incorporer des pierres précieuses et des diamants dans leurs créations pour ajouter une touche de couleur et de brillance. Les pierres précieuses les plus populaires pour les bijoux incluent les diamants, les émeraudes, les saphirs et les rubis. Les diamants sont particulièrement prisés pour leur éclat et leur valeur, mais peuvent être extrêmement coûteux.

Les techniques de soudure sont également importantes dans la création de bijoux. Les bijoutiers utilisent souvent des techniques de soudure à la flamme, telles que le soudage au chalumeau, pour joindre les différentes parties du bijou. Les soudures doivent être précises et solides pour assurer la qualité et la longévité du bijou.

Enfin, les finitions et les polissages sont essentiels pour donner aux bijoux leur éclat et leur brillance. Les bijoutiers utilisent souvent des techniques de polissage à la main pour éliminer les rayures et les imperfections, puis plongent les bijoux dans des solutions de nettoyage pour leur donner un éclat final.

Les ressources pour apprendre et se perfectionner

Les écoles et formations professionnelles

Lorsqu'on parle de la forge, il est important de comprendre que cet art nécessite une formation et une pratique régulières pour être maîtrisé. Pour cela, il existe de nombreuses écoles et formations professionnelles dédiées à l'apprentissage de la forge.

Les écoles et centres de formation offrent des programmes de formation professionnelle pour les débutants et les professionnels souhaitant approfondir leurs compétences en forge. Les programmes peuvent varier en fonction de la durée et du niveau de compétence requis.

Les formations en forge peuvent être dispensées dans des établissements spécialisés ou dans des centres de formation professionnelle dans lesquels les apprentis ont accès à des ateliers équipés pour pratiquer les techniques de forge en toute sécurité.

Les écoles et formations professionnelles offrent des programmes variés pour les débutants, les professionnels et les amateurs passionnés. Les programmes d'initiation permettent aux débutants de s'initier aux techniques de base de la forge et de se familiariser avec les outils et les équipements nécessaires à la pratique de cet art.

Les formations avancées, quant à elles, sont destinées aux professionnels qui cherchent à améliorer leurs compétences en forge. Ces programmes offrent une formation spécialisée dans des domaines tels que la forge d'armes, la forge artistique et décorative, la maréchalerie et la ferronnerie d'art.

Il est important de choisir une école ou une formation professionnelle réputée et bien établie pour s'assurer d'obtenir une formation de qualité. Pour cela, il est conseillé de consulter les avis et les témoignages d'anciens élèves, de prendre en compte la durée et le coût de la formation ainsi que la qualité de l'équipement et des outils disponibles.

En plus des écoles et formations professionnelles, il existe également des ateliers et stages organisés par des maîtres forgerons professionnels. Ces ateliers et stages permettent aux apprentis de travailler avec des experts dans le domaine, de se familiariser avec des techniques avancées et de découvrir des astuces et des conseils pratiques pour améliorer leur pratique de la forge.

Enfin, il est possible de trouver des ressources en ligne telles que des livres, des vidéos et des supports de formation en ligne pour compléter sa formation. Les associations et clubs de forgerons sont également des ressources précieuses pour les passionnés de forge qui cherchent à développer leurs compétences et à rencontrer d'autres forgerons passionnés.

Les ateliers et stages

Dans le monde de la forge, il n'y a rien de plus important que de pratiquer et de s'entraîner. C'est pourquoi les ateliers et les stages sont des ressources indispensables pour quiconque souhaite maîtriser l'art de la forge. Que vous soyez débutant ou expert, il y a toujours quelque chose de nouveau à apprendre dans un atelier de forge.

Les ateliers sont des lieux où les artisans et les apprentis se réunissent pour pratiquer, s'entraîner et échanger des idées. Les ateliers sont souvent équipés de tous les outils nécessaires pour travailler le métal, ainsi que de matériaux de qualité pour les projets. Les ateliers peuvent être des lieux de travail solitaires ou des espaces collaboratifs où les membres partagent des connaissances et des compétences.

Les stages, quant à eux, sont des opportunités pour les apprentis et les artisans de participer à des formations intensives dispensées par des professionnels. Les stages peuvent durer de quelques jours à plusieurs semaines et couvrir des sujets allant de la forge de base à la forge artistique avancée. Les stages peuvent être coûteux, mais ils offrent une immersion complète dans l'art de la forge et permettent souvent de travailler avec des matériaux et des outils de qualité supérieure.

Il est important de rechercher des ateliers et des stages animés par des professionnels compétents et expérimentés, qui peuvent fournir une formation solide et des conseils personnalisés. Il est également important de trouver des ateliers et des stages qui correspondent à vos intérêts et à votre niveau de compétence. Certains ateliers sont destinés aux débutants, tandis que d'autres sont destinés aux artisans avancés.

En outre, il est important de se rappeler que la forge est un art de la pratique et de la patience. Il faut souvent des années d'entraînement pour devenir un forgeron compétent. Les ateliers et les stages sont des ressources précieuses, mais ils ne remplacent pas la pratique régulière. Les apprentis doivent continuer à pratiquer régulièrement chez eux ou dans leur propre atelier pour renforcer leurs compétences.

En somme, les ateliers et les stages sont des ressources précieuses pour quiconque souhaite apprendre ou se perfectionner dans l'art de la forge. Ils offrent une formation solide, des conseils personnalisés et une opportunité d'immersion complète dans l'art de la forge. Cependant, il est important de rechercher des ateliers et des stages animés par des professionnels compétents et expérimentés, qui correspondent à vos intérêts et à votre niveau de compétence. La pratique régulière est également essentielle pour devenir un forgeron compétent.

Les livres, vidéos et supports en ligne

Lorsque l'on souhaite apprendre à forger, il est important de se documenter et de se former de manière continue. Aujourd'hui, grâce à l'accès à internet et aux technologies de l'information, il est facile de trouver des livres, des vidéos et d'autres supports en ligne pour apprendre les différentes techniques de forge et améliorer ses compétences.

Il existe une multitude de livres dédiés à l'art de la forge, certains sont destinés aux débutants et d'autres sont plus avancés. Les livres peuvent être une excellente ressource pour les personnes qui souhaitent apprendre à leur propre rythme. Les livres sont souvent accompagnés d'images et de schémas pour mieux comprendre les techniques de forge.

Les vidéos sont également un excellent moyen d'apprendre la forge. Sur des plateformes comme YouTube, des forgerons partagent des vidéos détaillées sur les différentes techniques de forge. Il est possible de voir en temps réel comment chauffer le métal, le marteler et le mettre en forme. Les vidéos peuvent également montrer des astuces et des techniques spécifiques.

En plus des livres et des vidéos, il existe également des sites web dédiés à la forge qui proposent des tutoriels en ligne. Ces sites peuvent être très utiles pour les débutants qui cherchent à apprendre les bases de la forge. Les sites web peuvent également fournir des informations sur les outils et les matériaux utilisés en forge, ainsi que des astuces et des conseils pour améliorer ses compétences.

Enfin, les forums de discussion en ligne peuvent être une excellente ressource pour les forgerons en herbe. Les forums permettent aux utilisateurs de poser des questions, de partager des conseils et de discuter des dernières techniques de forge. Les forums peuvent également être un excellent moyen de se connecter avec d'autres forgerons et de trouver des communautés de personnes partageant la même passion.

Les associations et clubs de forgerons

Les associations et clubs de forgerons sont des lieux privilégiés où les artisans peuvent partager leur passion pour la forge et échanger des techniques, des astuces et des idées. Ces communautés rassemblent des personnes de toutes les compétences, des débutants aux maîtres forgerons chevronnés. Les membres peuvent travailler ensemble sur des projets, organiser des événements et des expositions, et participer à des démonstrations publiques pour faire connaître cet art ancestral.

Les associations et clubs de forgerons offrent également des opportunités d'apprentissage et de perfectionnement. Les membres peuvent assister à des ateliers et des stages animés par des experts pour approfondir leurs connaissances et maîtriser de nouvelles techniques. Les clubs peuvent également organiser des concours et des compétitions pour encourager les membres à pousser leurs limites et à atteindre l'excellence.

En France, il existe de nombreuses associations et clubs de forgerons. Par exemple, l'Association des forgerons et couteliers du Périgord Noir, qui organise chaque année le festival de la Forge et du couteau à Nontron, en Dordogne. Il y a aussi la Fédération des Métiers de la Forge, qui regroupe des associations de forgerons de toute la France.

En dehors de la France, il existe également des associations et clubs de forgerons dans le monde entier. Par exemple, aux États-Unis, l'Association of Blacksmiths and Metal Workers, qui est la plus grande organisation de ce type en Amérique du Nord. Au Royaume-Uni, il y a la British Artist Blacksmiths Association, qui est dédiée à la promotion de la forge artistique.

Les associations et clubs de forgerons sont également une excellente source d'inspiration et de motivation. Les membres peuvent se connecter avec d'autres passionnés de la forge, échanger des idées et partager leur amour pour cet art. Ils peuvent également trouver des mentors et des modèles qui peuvent les aider à progresser dans leur parcours de forgeron.

L'avenir de la forge et les innovations technologiques

La forge assistée par ordinateur

La forge assistée par ordinateur est une technologie relativement récente qui a révolutionné l'industrie de la forge. Elle utilise des logiciels informatiques pour concevoir des modèles de pièces en trois dimensions, qui sont ensuite transférés à une machine de forge pour être usinées.

Cette technologie présente de nombreux avantages par rapport aux méthodes traditionnelles de forge. Tout d'abord, elle permet de concevoir des pièces plus complexes et précises que celles qui peuvent être produites manuellement. Elle offre également une plus grande efficacité et une réduction du temps nécessaire pour la production de pièces, ce qui peut réduire les coûts de fabrication.

La forge assistée par ordinateur permet également une plus grande flexibilité dans la conception de pièces. Les modifications peuvent être apportées facilement aux modèles 3D, sans avoir à recourir à une refonte complète du processus de production.

Cependant, malgré les avantages de la forge assistée par ordinateur, il est important de noter que cette technologie ne remplacera jamais complètement les méthodes traditionnelles de forge. Les techniques manuelles de forge restent indispensables pour la production d'œuvres d'art uniques, qui requièrent une sensibilité artistique et un savoir-faire manuel.

En fin de compte, la forge assistée par ordinateur est une technologie très intéressante qui offre de nombreuses possibilités pour la production de pièces complexes et précises. Elle peut également réduire les coûts de production et offrir une plus grande flexibilité dans la conception de pièces. Cependant, il est important de se rappeler que cette technologie ne remplacera jamais complètement les méthodes traditionnelles de forge, qui restent indispensables pour la production d'œuvres d'art uniques et complexes.

La forge à induction

La forge à induction est une technologie qui est de plus en plus utilisée dans l'industrie de la forge. Cette technologie permet de chauffer rapidement et efficacement les métaux sans utiliser de flammes ou de combustibles fossiles. Au lieu de cela, elle utilise un champ électromagnétique pour chauffer le métal directement.

Les avantages de la forge à induction sont nombreux. Tout d'abord, elle permet un chauffage plus rapide et plus uniforme que les autres méthodes de chauffage. En outre, elle réduit considérablement la consommation d'énergie et les émissions de gaz à effet de serre. Enfin, elle permet également une plus grande précision et un meilleur contrôle de la température pendant le processus de forge.

La forge à induction est également très flexible en termes de taille et de forme des pièces à forger. Elle peut être utilisée pour forger de petites pièces, comme des bijoux, ainsi que de grandes pièces, comme des pièces automobiles ou des roues de train. Elle est également utilisée pour la fabrication de composants électromagnétiques, de pièces d'usure et de nombreux autres produits métalliques.

En termes de coût, la forge à induction peut être plus chère à l'achat et à l'installation que les autres méthodes de chauffage, mais elle peut rapidement compenser ces coûts grâce à ses avantages en termes d'efficacité et de contrôle. De plus, avec l'avènement de l'industrie 4.0, les forges à induction sont de plus en plus connectées et automatisées, ce qui permet une plus grande efficacité et une meilleure gestion de la production.

Les matériaux innovants : aciers inoxydables

Les aciers inoxydables sont des matériaux innovants utilisés dans la forge pour leurs propriétés résistantes à la corrosion, à l'oxydation et à la chaleur. Ils sont de plus en plus populaires dans la fabrication de nombreux objets tels que les couverts, les équipements de cuisine, les bijoux et les pièces de machines.

Ces aciers sont composés d'un alliage de fer, de chrome, de nickel et d'autres éléments tels que le molybdène ou le titane. Le pourcentage de chacun de ces éléments dans l'alliage détermine les propriétés de l'acier inoxydable.

L'un des avantages de l'acier inoxydable est qu'il peut être trempé pour augmenter sa dureté et sa résistance à l'usure, tout en conservant ses propriétés anti-corrosion. Cela le rend très utile pour les objets soumis à des contraintes mécaniques importantes.

Il existe plusieurs types d'aciers inoxydables, chacun ayant des propriétés spécifiques. Par exemple, l'acier inoxydable austénitique contient une quantité élevée de nickel et de chrome, ce qui lui confère une grande résistance à la corrosion et une excellente ductilité. L'acier inoxydable martensitique est plus dur et plus résistant à l'usure que l'austénitique, mais il est également plus fragile et moins résistant à la corrosion.

Ces aciers inoxydables peuvent également être utilisés dans la fabrication de lames de couteaux. En effet, leur résistance à la corrosion et à l'usure en font un matériau idéal pour les lames qui doivent être utilisées dans des environnements humides et corrosifs.

L'utilisation d'aciers inoxydables dans la forge est de plus en plus courante, en particulier dans les secteurs de la coutellerie, de la joaillerie et de la fabrication d'objets de cuisine. Les forgerons doivent cependant être conscients des propriétés spécifiques de chaque type d'acier inoxydable et adapter leur technique de forge en conséquence.

Les matériaux innovants : métaux à mémoire de forme

Les métaux à mémoire de forme sont des matériaux innovants qui ont des propriétés fascinantes. Ce sont des alliages métalliques qui peuvent se déformer de manière réversible lorsque soumis à des changements de température ou de contraintes. Ces matériaux ont été découverts dans les années 1950 par des chercheurs de l'US Navy, et ils ont depuis trouvé de nombreuses applications dans l'industrie, notamment en médecine, en aérospatiale et en génie civil.

Le principe des métaux à mémoire de forme repose sur leur capacité à changer de structure cristalline en réponse à un stimulus externe, tel que la chaleur. Lorsque le matériau est chauffé au-delà de sa température de transition, il subit une déformation élastique qui lui permet de conserver sa forme une fois refroidi à température ambiante. Cette propriété de «mémoire» de forme permet à ces matériaux de retrouver leur forme d'origine après avoir subi une déformation importante.

Les alliages à mémoire de forme les plus courants sont à base de nickel et de titane, appelés respectivement Nitinol et TiNi. Ces alliages ont des propriétés uniques, notamment leur résistance à la corrosion et leur capacité à résister à des températures élevées. Les métaux à mémoire de forme sont également très résistants à la fatigue, ce qui les rend adaptés aux applications qui nécessitent une forte endurance.

Dans l'industrie médicale, les métaux à mémoire de forme

sont souvent utilisés dans les stents vasculaires et les implants orthopédiques, car ils peuvent être façonnés en formes complexes qui épousent parfaitement la forme de l'organe ou de l'os à traiter. En aérospatiale, ces métaux sont utilisés pour fabriquer des volets d'ailes, des antennes spatiales et des ressorts qui peuvent supporter des charges importantes tout en étant légers et résistants.

Dans le génie civil, les métaux à mémoire de forme peuvent être utilisés pour fabriquer des structures résistant aux tremblements de terre. Ces structures seraient capables de se déformer et de se replier en cas de secousse sismique, puis de retrouver leur forme d'origine une fois que la secousse est terminée.

Les enjeux environnementaux et la forge durable

La forge est une industrie qui peut avoir un impact environnemental important. Cependant, il est possible d'adopter des pratiques durables pour réduire cet impact. Dans cette section, nous allons explorer les enjeux environnementaux liés à la forge et les pratiques durables qui peuvent être mises en place.

Tout d'abord, la forge utilise des combustibles fossiles, tels que le charbon, le gaz et le pétrole pour chauffer les métaux. Cela entraîne des émissions de gaz à effet de serre, contribuant ainsi au changement climatique. Pour réduire ces émissions, il est important d'adopter des pratiques plus durables telles que l'utilisation de sources d'énergie renouvelable comme l'énergie solaire ou l'éolien.

En outre, la forge peut également produire des déchets solides tels que des copeaux de métal et des résidus de combustion. Ces déchets peuvent être toxiques pour l'environnement s'ils ne sont pas correctement éliminés. Il est donc important de mettre en place des systèmes de gestion des déchets qui permettent de recycler et de réutiliser ces matériaux autant que possible.

Un autre enjeu environnemental lié à la forge est l'utilisation de produits chimiques tels que les acides et les produits de traitement de surface. Ces produits peuvent être toxiques et nocifs pour l'environnement s'ils ne sont pas utilisés correctement. Il est donc important de mettre en place des pratiques de gestion des produits chimiques pour minimiser les risques environnementaux.

En outre, la forge peut également avoir un impact sur la biodiversité en raison de la perte d'habitat et de la pollution de l'eau et des sols. Pour minimiser ces impacts, il est important d'adopter des pratiques de gestion des terres durables et de protéger les habitats naturels.

Enfin, la forge peut également contribuer à la surexploitation des ressources naturelles telles que les métaux. Pour réduire cette pression, il est important d'adopter des pratiques de gestion des ressources durables, telles que le recyclage et la réutilisation des métaux.

Printed in France by Amazon
Brétigny-sur-Orge, FR